DEVOIRS

RELIGIEUX ET POLITIQUES

DANS LES TEMPS D'ANARCHIE.

> Soyez soumis aux pouvoirs de droit qui
> sont au-dessus de vous ; car il n'est point
> de pouvoir de droit qui ne vienne de
> Dieu.   *(Bible, Rom., ch. 13.)*

PARIS,

CHEZ DENTU, LIBRAIRE, AU PALAIS-ROYAL;
ET CHEZ LES AUTRES LIBRAIRES MARCHANDS DE NOUVEAUTÉS.

Prix, 60 centimes.

FÉVRIER, 1831.

DEVOIRS

DANS LES TEMPS D'ANARCHIE.

PARAGRAPHE I.

Distinction entre les pouvoirs de droit et les pouvoirs de force.

Si , en donnant au genre humain la terre pour domaine, le Souverain des êtres était resté silencieux dans les profondeurs de l'éternité, le droit, la justice, toute la morale, serait une vaine fiction. L'homme, comme la brute, n'aurait à se soumettre qu'aux seules lois de la force; et encore pourrait-il s'y soustraire impunément par le suicide. Alors la souveraineté générale et perpétuelle des peuples serait un dogme universel ; car toujours une population est plus forte que le chef qui la gouverne. Et un libéralisme anti-social devrait être l'unique règle des hommes , comme il est l'unique morale des animaux.

Car il ne faut plus que le philosophisme nous parle de cette vieille chimère qu'il nomme *loi naturelle* , dont il se rit en secret , et que cependant il a osé mettre en parallèle avec la religion. *Des lois naturelles !....* Eh ! qu'y a-t-il de plus *naturel* à l'homme que de se laisser emporter par les passions qui le pressent d'assouvir son âme et ses sens dans de criminels plaisirs ? Elles sont bien réellement *innées* , celles-ci ; bien réellement *gravées* dans l'existence humaine ; tandis que vos prétendues *lois* ne se trouvent qu'en des imaginations abusées , ne sont écrites que dans des livres. Et vous ne l'ignorez point , sectateurs du philosophisme qui , dans la vie privée , ne respectez pas plus le système de la loi naturelle que les augustes réalités de la religion.

Pour nous, catholiques , n'oublions pas qu'une observation assidue des sourds-muets a constaté en Europe et en Amérique qu'il n'existe point en eux un seul des préceptes moraux que l'on supposait étincelants dans toutes les consciences (1). Rappelons nous qu'ainsi ont été de nouveau confondues des théories déjà démenties par le raisonnement non moins que par l'expérience , et vraiment usurpatrices d'une autorité qui n'appartient qu'à la religion.

---

(1) Voyez les *Recherches sur les connaissances intellectuelles des sourds-muets,* par M. Montaigne. (Paris, chez Leclerc.)

(4)

Si donc l'homme devait obéissance aux *lois* réellement *naturelles* (1),
une dépravation profonde et froidement soumise aux calculs de l'é-
goïsme, tel serait le type de la sagesse; telle, la perfection de la
vertu.

Mais il n'en fut jamais ainsi. Dès l'aurore du premier des siècles, le
genre humain reçut de son Créateur des enseignemens et des lois sanc-
tionnées. « Au commencement, dit un livre antique et sacré, Dieu
» donna ses commandemens et ses préceptes aux hommes..... Il leur
» prescrivit un ordre de conduite, et il les rendit dépositaires de la
» loi de la vie.... Et il leur enseigna ses jugemens et la justice (2) .... Et
» il leur dit : Gardez-vous de toute iniquité (3) ». Dans la suite, ces
révélations célestes furent plusieurs fois, et en divers temps, réité-
rées, éclaircies, développées. Tous les peuples les ont connues et
transmises. A cet égard, et quant à la substance du fait, les traditions se trouvent unanimes. Et elles le sont tellement, qu'un des rares
écrivains de l'irréligion (4) qui ont acquis par l'étude le droit de par-

---

(1) Résultats accidentels des lois générales établies pour la conser-
vation de l'ordre dans l'univers, les impulsions vicieuses que l'homme
éprouve en son âme et en son corps sont destinées de Dieu à procurer
des victoires à la vertu. Et en effet quel mérite un peu sensible le
souverain Juge trouverait-il à récompenser dans ses créatures, s'il avait
éloigné d'elles tous périls et toute attaque? Mais la révélation seule a fait
connaitre aux hommes le vrai but de l'existence en eux de penchans
dangereux. Elle seule aussi a le droit d'en commander la répression.

(2) Si *la justice* eût été naturellement gravée dans leurs âmes, assurément Dieu ne la leur aurait pas enseignée. Il est, du reste, à remarquer
que nulle part la *Bible* ne fait mention d'une *loi naturelle*. Le passage de
saint Paul où l'on a prétendu trouver quelques mots sur ce sujet n'en dit
rien, de positif du moins. Car *l'observation naturelle d'une loi* et l'habitude
de l'avoir *gravée dans le cœur* (*Ad Rom.* 2.) ne prouvent nullement qu'elle
soit innée ou connue sans révélation. L'homme *n'observe-t-il pas naturellement* tout ce qui est analogue aux dispositions de son caractère, et ne *se
grave-t-il pas dans l'esprit* tout ce qui l'intéresse fortement?

(3) *Eccli.*, ch. 15 et 17.

(4) Parmi ceux de nos auteurs modernes qui se sont montrés formelle-
ment impies, je n'en vois que trois qui aient fait une étude assez étendue
de l'antiquité (et qu'y a-t-il sur la terre de plus antique que la religion?) :
ce sont Boulanger, Dupuis, et Volney. Or, le premier finit par se con-
fesser avec repentir (Voy. Bergier, *Apologie*, t. 2, p. 291), le second
voulait brûler ses ouvrages au lieu de les publier (*Biographie univ.*, art.
Dupuis), et le troisième fut vu récitant sur mer les prières du chapelet
(*Mémorial cathol.*, n° d'oct. 1814). Le philosophisme a prétendu, il est
vrai, que la crainte seule d'être inquiété à cause de l'audace de ses écrits
poussa Dupuis à les jeter au feu. Mais, pour apprécier cette allégation,
remarquez que l'auteur écrivait sous le règne de l'impiété jacobinique et
qu'il publia ses ouvrages d'après l'invitation pressante du gouvernement
lui-même. Les écoliers du philosophisme s'étonneront sans doute de ce

ler en public de l'antiquité semble avoir, en les considérant, chancelé sur le chemin de l'erreur. « Ce ton d'universalité et d'uniformité, écri-
» vait-il, qu'ont affecté certaines opinions dans tous les temps et dans
» tous les climats, qui semble décéler aux yeux d'un esprit *raison-*
» *nable* un principe *solide et certain*, et non les effets capricieux et
» bizarres de l'imagination des poètes, se trouve dans les traditions
» constantes des plus anciennes nations du monde, lorsqu'elles parlent
» du règne des dieux sur la terre (1)... Sans rappeler ici les Égyptiens,
» les Phéniciens, les Chaldéens, les Grecs et l'ancienne Italie, le sou-
» venir d'un temps où des dieux étaient descendus sur la terre pour
» donner des lois aux hommes s'était aussi conservé chez les Indiens,
» les Japonais, et jusque chez les Américains même (2) ». Boulanger eût pu mentionner aussi les Perses, les Chinois, les Mongols, les Thibetains, les Scandinaves. Enfin, d'une extrémité du monde à l'autre, les témoignages sortent presqu'uniformes du sein des peuples, pour attester à l'ignorante et rêveuse impiété que la morale du genre humain, comme ses dogmes, comme son culte, est d'origine céleste.

Il est donc sur la terre une législation divine à laquelle tous les hommes sont obligés de vivre soumis.

L'univers en convient. Seulement, cette législation, que le monde a toujours crue révélée, est en quelques lieux prise pour naturelle.

Et l'univers encore sait qu'au nombre des lois imposées de Dieu à la terre sont celles-ci :

Que l'homme soit fidèle et soumis à ceux qui ont droit de lui commander ;

Que jamais il n'usurpe le pouvoir de personne ;

Qu'il porte secours au droit, à la justice ;

Qu'il le refuse à toute espèce d'iniquité.

Développer ces préceptes, ce droit social, tel est le sujet des pages qui suivent. En des temps d'orages politiques, il arrive parfois que de sombres nuées passent devant la religion, ce soleil du monde moral, et répandent l'obscurité jusque dans les consciences des mortels. Réduits alors aux seules lueurs de la raison, ils se trouvent d'autant plus en péril d'errer au hasard, ou même de suivre un des

---

que nous ne plaçons pas Voltaire au nombre des doctes impies. Il est bon d'apprendre aux malheureux assez sots pour être dupes de cet homme immonde qu'il n'y a pas aujourd'hui en Europe un seul vrai savant qui ne classe leur coryphée parmi les pamphlétaires d'ignorante et infâme espèce. Cependant de nos jours encore, « lorsqu'il s'agit de Voltaire, les
» erreurs du maître sont l'érudition de ses écoliers ». Et, qu'on le sache bien, ce n'est pas nous qui parlons ainsi, mais M. Benjamin-Constant, qui avoue en gémissant la stupide ignorance de ses amis (*De la rel.*, l. 4, ch. 11).

(1) Plusieurs histoires et la poésie ont dépeint comme un *règne* l'époque où Dieu, se révélant aux premiers hommes, les instruisit de leur destinée et leur donna des lois.

(2) *Rech.*, sect. 8.

(6)

chemins du crime, que ces lueurs sont plus faibles ou plus vacillantes. Des réflexions claires, raisonnées, sur les devoirs religieux et politiques dans les temps d'anarchie peuvent donc être de quelque importance.

PARAGRAPHE II.

Devoirs religieux dans les temps d'anarchie (1).

Quand la Providence, retirant d'au-dessus d'un pouvoir de droit sa toute-puissante protection, laisse la main de l'anarchie saisir un sceptre, les sujets de ce pouvoir ont encore deux sortes de devoirs à remplir envers lui, les uns d'inertie, les autres d'activité (2).

Et d'abord ils doivent s'abstenir de toute adhésion, de tout indice d'attachement, aux puissances d'anarchie (3); puisque ce serait être infidèle au pouvoir de droit, soutenir l'iniquité, participer au crime, encourager avec scandale la révolte et la spoliation.

Par conséquent point de sermens aux pouvoirs d'anarchie, point de prières pour leur prospérité, point de marques de respect envers eux. De tels actes seraient aussi condamnables, le seraient même plus, que si un abject voleur en était l'objet. Car de tels pouvoirs ne sont pas autre chose que de grands vols, des vols commis avec des circonstances extrêmement aggravantes, telles, souvent, que des parjures, des violences, des meurtres, et tout cela quelquefois suivi de lamentables calamités.

Il est assez évident que ces devoirs sont de justes conséquences de la quatrième des lois que nous rappelions tout à l'heure.

---

(1) Que les serviles adorateurs des puissances du jour, que les fonctionnaires parjures, que les suppôts de l'odieuse police, que les gens qui se sont inclinés jusque dans la boue devant toutes les révolutions, se dispensent de jeter en ce moment sur nous des regards de colère. Nous ne dirons pas une seule phrase, pas un seul mot, ni formel ni allusoire, du gouvernement actuel de la France, non plus que de ceux de la Belgique et de la Pologne. Nous n'écrivons ni de l'histoire contemporaine ni de la polémique de journaux, mais de la théologie antique, générale, universelle, catholique. Or, en un pays où le trésor public solde la prédication des erreurs séditieuses du calvinisme, en une ville où les horribles projets du saint-simonisme sont publiquement enseignés, où enfin la démence a ses chaires et le crime ses tribunes, il nous semble permis d'expliquer à quelques âmes vertueuses deux ou trois des divines maximes auxquelles le genre humain doit tout ce qu'il y a eu d'ordre social sur la terre. Ces maximes au reste sont reconnues dans tous les partis. Ils ne disputent guère que sur l'application, dont nous ne traitons pas le moins du monde.

(2) Il est bien entendu que nous ne parlons là que des souverains injustement détrônés, sans faire aucune application particulière, sans même prétendre qu'il y ait maintenant dans toute l'Europe un seul usurpateur. Encore une fois, nous discutons une théorie et non des faits.

(3) *Pouvoir d'anarchie* signifie *puissance dénuée de droit.*

(7)

Il ne l'est pas moins que la première et la troisième expriment implicitement ceux-ci : implorer par la prière et la pénitence le secours de Dieu en faveur des pouvoirs de droit (1), nourrir dans les cœurs de leurs sujets restés fidèles l'affection et le dévouement, insinuer dans les esprits des autres les vérités religieuses qu'ils ignorent ou méconnaissent, propager enfin autant qu'on le peut les saintes doctrines de la justice. De tels devoirs d'activité sont ordinairement faciles. Aussi presque tous les hommes qui ne s'en acquittent pas se rendent-ils coupables devant Dieu d'infraction à ses lois.

PARAGRAPHE III.

Devoirs politiques dans les temps d'anarchie.

En politique comme en religion il résulte de la fidélité due aux pouvoirs de droit proscrits par des crimes, et de la défense divine de prêter secours à l'injustice, des obligations actives et inactives. Considérons en premier lieu celles-ci.

Prendre part aux fêtes ou cérémonies d'un pouvoir d'anarchie. c'est scandaliser en paraissant l'approuver.

Rendre quelques honneurs aux chefs ou aux fonctionnaires des puissances sans droit, c'est encore paraître y adhérer.

Le scandale devient plus grand, si l'on arbore leurs drapeaux ou si l'on en porte les couleurs.

Enfin fournir de l'argent à un pouvoir d'anarchie pour l'aider à se maintenir, c'est porter secours à l'iniquité, c'est s'en rendre complice.

Et la complicité est plus grave encore, quand l'on va jusqu'à combattre pour le soutien d'une puissance dénuée de tout droit.

Donc l'on doit se tenir à l'écart des pouvoirs d'anarchie et des fonction-

____

(1) Malgré la foi des chrétiens au dogme des expiations, les austérités sont devenues déplorablement rares parmi eux. À l'aspect des plus faciles pratiques de la pénitence, ils tremblent que leurs corps n'y succombent. Et pourtant elles les sauvraient de périls imminens, ces corps infectés des miasmes de la mollesse! « Car les substances les plus nutritives, celles qui » dans l'état normal produisent une excitation agréable et relèvent les » forces, finissent à la longue par altérer la santé, préparent une existence » malheureuse et abrègent de beaucoup la durée de la vie. » .... « L'eau est » de toutes les boissons celle dont l'usage non interrompu peut le plus » contribuer à prolonger la vie de l'homme ; et rien n'est plus absurde que » le préjugé qui attribue à l'eau des qualités échauffantes ».... Quant aux lits en usage généralement, « il n'est que trop vrai que la funeste habitude » de s'y coucher trop mollement et trop chaudement est une cause puis- » sante des maladies nerveuses dont la plupart des femmes et beaucoup » d'hommes sont affectés ». Ainsi parle la médecine par l'organe de trois de ses plus modernes et plus célèbres hygiénistes (M. Broussais, *Physiol.*, ch. 4; M. Londe, *Hygiène*; M. Rostan, *Hygiène*).

naires établis par eux, ne point porter les couleurs des partis dont ils sont chefs, leur refuser tout impôt, et ne jamais défendre par les armes leur injuste domination.

Si la violence contraint à en agir autrement, il faut du moins protester aussi clairement qu'on le peut des intentions que l'on conserve en sa conscience. Mais jamais aucune circonstance ne rend licite l'acte de prendre part à des combats pour le maintien d'un pouvoir d'anarchie. Car, comme le chrétien, en présence de brigands qui lui demandent la bourse ou la vie et sont en disposition irrésistible de lui arracher l'une et l'autre, peut sans crime leur livrer son argent, mais non point participer à leurs vols ou à leurs assassinats; de même le sujet d'une autorité politique est irréprochable quand il cède à une force qu'il ne peut vaincre, et criminel au contraire quand lui-même coopère à des violences, des spoliations, des meurtres, des carnages.

Tout cela est manifeste, et nous n'y apercevons aucune ombre à dissiper. Disons donc tout de suite quels devoirs d'activité sont à remplir dans les temps d'anarchie.

Les forces humaines étant soumises aux esprits, et les esprits dirigés par des doctrines, propager celles de la justice sociale est un moyen aussi direct que puissant de servir les pouvoirs de droit. De là l'obligation de répandre la connaissance des principes et des faits propres à faire détester la domination des puissances d'anarchie. De là aussi le devoir d'étendre la publicité de tout ce qui, étant d'ailleurs vrai, peut être utile à la cause du droit.

L'argent, élément de succès dans la plupart des affaires humaines, a en politique, de nos jours surtout, une puissance incontestée. Les peuples doivent donc contribuer avec joie aux dépenses nécessaires pour honorer la justice ou en préparer le triomphe.

Ils doivent même parfois avoir recours à l'insurrection; et les livres sacrés des Juifs en rapportent deux exemples célèbres. Les Égyptiens, usurpant sur les descendans de Jacob une souveraineté absolue, les accablaient depuis long-temps de travaux et d'humiliations. En vain avaient-ils plusieurs fois voulu sortir d'Égypte; leurs oppresseurs s'y opposaient (1). Et ce n'était que sous le poids d'un fléau du ciel qu'ils venaient enfin de consentir. Moïse, indigné, rassemble les Hébreux, leur donne ordre de s'emparer d'une grande quantité de vases d'or et de vêtemens, quitte à leur tête le sol égyptien, et se retire dans un désert. Ce pillage insurrectionnel était

---

(1) Nul souverain n'a le droit général de retenir dans ses états ceux de ses sujets qui veulent en sortir, à moins qu'ils n'aient pris l'engagement d'y rester. L'un des premiers droits de la liberté est de vivre où l'on veut. Voyez à ce sujet le précieux ouvrage publié par M. de Haller sous le titre de *Restauration de la science politique, ou théorie de l'état social opposée à la fiction d'un état civil factice.* 5 vol. in-8°; prix, 11 fr. A Paris, chez Hivert, quai des Augustins, n° 55.

juste; puisque les Israélites n'avaient encore reçu, pour prix de leurs sueurs et de leurs souffrances, qu'un esclavage désespérant. Elle fut juste aussi, l'insurrection des Machabées contre l'usurpateur et tyran Antiochus. Aussi un écrivain sacré la raconte-t-il comme un acte de vertu héroïque.

Pour concilier ces deux exemples avec le système de la soumission perpétuelle à toutes les puissances, on a dit : « Dieu s'était manifesté » dans ces circonstances, et il avait le premier levé l'étendard de » l'insurrection (1)». Mais qui ne voit que cela même, quoique vrai seulement quant à Moïse, est une preuve de plus contre le système ? Si, comme on le prétend, l'obéissance à tous les gouvernemens était un devoir imposé de Dieu, cet immuable législateur eût-il jamais *levé l'étendard de l'insurrection ?*

Ne craignons donc pas de le répéter, la résistance active aux pouvoirs d'anarchie, toujours un droit, est aussi quelquefois un devoir, et il émane de la loi divine qui commande de servir la justice et de travailler à étendre son règne.

Mais il ne faut pas perdre de vue que près de cette loi il en est une autre également divine, celle de la charité. Il faut aussi considérer avec une religieuse attention qu'il n'y eut jamais sur la terre de malheur comparable à celui d'une mort sans foi et sans repentir (2).

Avant donc de se décider à une insurrection, et surtout quand il est probable qu'elle coûterait la vie à quelques hommes, les peuples doivent faire mettre en balance, par de pures et habiles mains, d'abord les chances de succès et celles de revers, puis les résultats tant actuels que futurs de l'usurpation et ceux que produirait une résistance active.

Enfin, comme l'a dit et prouvé un grand publiciste, «la véritable » théorie du droit public repose sur ce principe, démontré par toute » l'histoire, que les droits des souverains se distinguent de ceux du » reste des hommes non par leur nature, mais seulement par le » nombre et l'importance des objets sur lesquels ils s'exercent (3)». D'où il suit que quiconque exerce un pouvoir d'anarchie est véritablement un voleur insigne et doit être traité comme tel par les peuples. Cette remarque si simple, si évidemment vraie, éclaircit à elle seule, plus que beaucoup de livres, le sujet de cet écrit. Que nos lecteurs la conservent donc profondément gravée dans leurs intelligences (4).

---

(1) *Du devoir de soumission aux puissances*, ch. 6.

(2) Il ne résulte pas de là que toute guerre soit illicite, mais seulement qu'il n'y est permis de précipiter un homme dans l'éternité qu'en des circonstances où il ne reste plus aucun autre moyen de sauver la vie terrestre, la vie éternelle surtout, de ceux dont cet homme va consommer la perte, soit spirituelle, soit corporelle.

(3) *Restauration de la science politique*, ch. 40.

(4) Les doctrines de ce Paragraphe et du précédent sont si éclatantes de

PARAGRAPHE IV.

Réfutation du système de la soumission générale et perpétuelle à toutes les puissances.

Quelqu'irréligieuse que soit l'opinion dont nous devons maintenant examiner les racines, c'est surtout en de pieuses âmes qu'on la trouve implantée. La lecture des livres de dévotion mal faits, et la plupart sont tels, nous paraît être l'une des principales causes de ce contraste. Une autre se rencontre dans les misérables versions que l'on donne ordinairement des passages du *Nouveau-Testament* relatifs à l'obéissance due aux autorités. Les fautes de quelques papes ont aussi beaucoup contribué à établir l'erreur que nous combattons.

On a imaginé, pour la soutenir, quelques argumens, les uns spécieux, les autres ridicules. Tous seront successivement produits dans la discussion qu'on va lire ; ou, si quelques uns sont oubliés, ils n'échapperont cependant pas à l'ébranlement des autres. La critique de ceux-ci atteindra par des secousses indirectes ceux que nous n'aurions pas aperçus.

Un indifférent en matière d'obéissance politique. — Où sommes-nous ! Voilà un écrivain catholique qui donne des leçons de révolte, tandis que la *Bible* et les saints Pères disent qu'on doit être soumis à toutes les puissances.

L'auteur. — J'ai parlé de l'insurrection et non de la révolte. Quant à la *Bible*.......

L'indifférent. — Elle vous condamne, je vous en réponds. « L'*Evan-*
» *gile*, interprété catholiquement, ne prêche que la soumission
» aux puissances et la charité envers les ennemis. Les apôtres d'un
» tel *Evangile* ne sauraient jamais se trouver dans l'obligation d'exci-
» ter à la résistance et surtout de la pratiquer (1) ».

L'auteur. — Pourriez-vous citer, à l'appui de votre opinion, quelque passage un peu précis ?

L'indifférent. — Quelque passage !... J'en connais plus de dix, tous décisifs contre vous. Et d'abord en voici un de saint Paul, si formel, qu'il devra suffire pour vous faire changer de doctrine. » Que toute âme soit soumise aux puissances supérieures ; car toute » puissance vient de Dieu (2) ». Vous l'entendez, votre condamnation est positive.

---

vérité, qu'il est à peine en Europe deux systèmes de politique où elles ne soient pas admises. On les croit au Palais-Royal comme à Holy-Rood, à Varsovie comme à Saint-Pétersbourg, dans les républiques comme dans les monarchies. Je ne les vois combattues que par une classe de personnes pieuses et par les anarchistes. Aussi suis-je persuadé que, si le parti républicain renversait le gouvernement actuel de la France, celui-ci ne manquerait pas d'invoquer en sa faveur toutes ces doctrines.

(1) *Du devoir de soumission aux puissances*, ch. 10.
(2) *Epist. ad Rom.*, c. 13.

L'auteur. — Dans vos paroles, oui ; dans celles de saint Paul, nullement. Vous traduisez d'après la *Vulgate*, version fautive en tant d'endroits. Mais veuillez prendre le texte original ; il porte littéralement : « Que toute âme soit soumise aux *pouvoirs de droit* qui sont au-dessus » d'elle ; car il n'est point de pouvoir de droit qui ne vienne de Dieu, » et les pouvoirs de droit existans sont préposés par Dieu. Ainsi qui- » conque résiste au pouvoir de droit lutte contre une institution divine ». Vous l'entendez à votre tour, l'apôtre ne commande l'obéissance qu'envers les gouvernemens de droit. Et l'expression dont il se sert pour les désigner ne présente point d'équivoque. C'est le mot ἐξουσία, traduit dans le *Lexicon* de Schrevelius par *jus aut facultas moralis*, dans le *Thesaurus linguæ græcæ* de H. Etienne par *potestas, autoritas, jus*, et dans le *Dictionnaire grec-français* de M. Planche par *pouvoir, droit, autorité*. La signification exacte, certaine, du terme grec ἐξουσία est donc *pouvoir de droit*. Ainsi ce que vous avez pris pour une décision en votre faveur réprouve au contraire votre opinion. Ainsi....

L'indifférent. — Arrêtez, s'il vous plaît. Il y a bien d'autres passages qui condamnent la vôtre.

L'auteur. — Quoi ! l'*Evangile* serait-il donc tout-à-la fois royaliste, libéral, et servile !

L'indifférent. — Loin de nous une telle pensée ! Et venons à mes passages. Que dites-vous de ces mots écrits par le même apôtre à l'évêque Tite : « Avertissez de se soumettre aux princes et aux puis- » sances ».

L'auteur. — Je dis qu'ils sont une mauvaise traduction d'un texte grec qui signifie « Recommandez la soumission envers les autorités et » les pouvoirs de droit ».

L'indifférent. — Et cette maxime de l'*Épitre aux Hébreux* : « Obéis- » sez à vos supérieurs, et soyez-leur soumis (ch. 13)» ; que vous en semble ?

L'auteur. — Ce qu'il m'en semble, c'est que vous n'en connaissez pas le vrai sens. « Souvenez-vous, dit l'écrivain sacré, de ceux qui » vous dirigent ; ils vous ont annoncé la parole de Dieu... Obéissez » à vos directeurs et soyez-leur soumis ; car ils veillent sur vos âmes » comme devant en rendre compte ».

L'indifférent. — J'entends : il ne s'agit que de la soumission due aux ministres de l'Eglise. Mais saint Pierre, parlant en général, a dit : « Serviteurs, soyez soumis à vos maîtres, et non seulement à ceux » qui sont bons et justes, mais aussi à ceux qui sont d'un caractère fâ- » cheux (1)».

L'auteur. — Le précepte est au contraire très particulier ; car en voici la signification littérale : « Que les domestiques (οἱ οἰκέται) soient » soumis en toute crainte aux maîtres de la maison, non-seulement... »

____

(1) *I Epist. Petri*, c. 2.

L'indifférent. — Ah! il s'agit seulement des domestiques! Je ne savais pas; je croyais..... Mais n'importe. J'ai en réserve un autre précepte, bien général, celui-là, bien terrible aussi contre votre système; et je ne crois pas du tout que vous puissiez cette fois vous réfugier dans le grec. Écoutez attentivement, je vous prie. « Soyez » soumis à toute créature humaine à cause de Dieu, soit au roi comme » ayant une prééminence, soit aux gouverneurs comme étant en- » voyés de lui pour la punition des malfaiteurs et la tranquillité des » honnêtes gens ». C'est saint Pierre qui parle ainsi dans sa *Première Épître*; et cela est, ce me semble, fort clair.

L'auteur. — Et fort ridicule aussi. Car que serait une *soumission à toute créature humaine*, sinon un stupide *machinalisme?* Comprenez donc mieux les écrivains sacrés. Le pontife dont vous m'opposez quelques paroles les écrivait aux chrétiens dispersés dans l'Asie-Mineure, alors assujettie au pouvoir colossal des Romains. En butte à la malveillance publique, ces premiers enfans de l'Église devaient prendre garde d'occasionner des prétextes de persécution attendus par leurs puissans ennemis. Dans de telles circonstances le chef des apôtres ne pouvait que recommander une prudente soumission en- vers *toutes* les autorités de l'Asie-Mineure, quelque usurpatrices qu'elles fussent; et il le fit en ces termes : «Soumettez-vous pour le » Seigneur à toute institution humaine, soit à un roi comme revêtu » de puissance, soit à des magistrats comme chargés par lui de punir » les malfaiteurs et de récompenser ceux qui font le bien ». Il ne s'agit donc nullement dans ces paroles, assez éclaircies d'ailleurs par les textes que j'ai déjà cités, d'une obéissance générale et perpétuelle à tous les gouvernemens.

L'indifférent. — Eh bien! soit. Car je pense qu'il n'y a pas be- soin de tant de citations pour décider entre vous et moi. Il est de fait que Jésus-Christ lui-même commanda aux Juifs de payer tribut aux Romains, les plus insignes usurpateurs qui aient jamais été.

L'auteur. — Le fait est vrai, mais il faut le bien comprendre. L'his- torien Josèphe nous apprend que sous la domination des Machabées le peuple juif fit alliance avec les Romains et prit l'engagement de contribuer aux frais de leurs guerres, que dans la suite il envoya plusieurs fois à Rome des ambassadeurs pour renouveler cette al- liance, qu'enfin il avait jugé plus prudent de devenir vassal de la puissance romaine que d'en être écrasé. Dès qu'il eut volontairement consenti à cette dépendance, le tribut fut obligatoire. Et c'est ce que rappelait aux Juifs le Sauveur du monde, quand il leur fit remarquer l'effigie de César empreinte sur leur monnaie nationale.

L'indifférent. — Vous interprétez tout à votre manière et dans le sens de vos opinions. Ce n'est pas ainsi que pensaient les Pères de l'Église et les chrétiens des premiers siècles. Ils avaient, eux, pour maxime d'obéir à tous les gouvernemens, quels qu'ils fussent.

L'auteur. — C'est encore à l'histoire qu'il appartient de prononcer sur ce point. La plupart des chrétiens d'alors habitaient des provinces soumises à la puissance gigantesque de Rome. Pouvaient-ils lutter contre un tel colosse ? Pouvaient-ils, seuls, entreprendre de relever les pouvoirs de droit qu'avait abattus le fer des armées romaines ? Quand ils furent devenus assez nombreux et assez puissans pour exécuter une si vaste restauration, la plupart des souverainetés de droit avaient disparu dans l'abîme de plusieurs siècles d'usurpations successives. Il fallait peut-être, pour le maintien de l'ordre social, se rallier autour d'un pouvoir fort et juste dans son action, quoique originairement illégitime. Il se rencontra dans la personne de Constantin. Au reste les chrétiens de la primitive Église n'étaient certainement pas infaillibles. Leur exemple ne peut donc contrebalancer des raisonnemens exacts. Si, comme j'en suis persuadé, beaucoup d'entr'eux outrèrent le devoir de l'obéissance, ce n'est point une conduite à imiter, mais une faute.

L'indifférent.—Ah ! il vous faut des autorités infaillibles ! Eh bien, en voici une tout près de nous. Le pape Pie VII autorisa les prières, les sermens, les impôts, le service militaire même, que l'usurpateur Buonaparte exigeait de la France. Et vous savez que ce souverain pontife alla jusqu'à le sacrer. Il ne s'agit plus maintenant de textes grecs ni d'histoire ancienne. Je vous oppose des faits recens et notoires. Il faut les nier ou vous rétracter.

L'auteur.—Les expliquer vaut mieux encore. L'Église, je le sais, est divinement établie pour conserver et transmettre les doctrines constitutives de la religion ; et à cet égard nul catholique n'a le droit de récuser l'enseignement officiel des souverains pontifes. Si donc ils avaient proclamé que l'on doit obéissance à tous les gouvernemens, je me garderais bien de soutenir une doctrine contraire. Mais il n'en fut et il n'en sera jamais ainsi ; car la souveraineté spirituelle de l'Église serait en opposition à des principes de droit social, à ceux que j'ai développés. Maintenant, dites-moi, croyez-vous que l'histoire de France soit partie intégrante de la religion ?

L'indifférent.—Ne plaisantons pas, je vous prie.

L'auteur.—Croyez-vous que les généalogies de la dynastie des Bourbons et de la famille Bonaparte aient été révélées de Dieu à l'Église ?

L'indifférent.—Encore ! Mais, de grâce, écartez donc de notre grave discussion toute plaisanterie.

L'auteur.—Ah ! vous sentez enfin le ridicule de votre objection.

L'indifférent.— Comment ? Mais point du tout.

L'auteur.—En ce cas je m'explique. La légitimité des Bourbons et l'usurpation de Bonaparte ne résultaient-elles pas de l'histoire et des généalogies dont je viens de parler ?

L'indifférent.— Sans doute.

L'auteur.—Puis donc que l'Église n'a point reçu de révélations sur ce sujet, elle ne peut en juger qu'humainement, que failliblement.

En conséquence, lorsqu'un pape autorisa les Français à combattre pour la défense de l'usurpation impériale, et que lui-même la sacra, il agissait hors du domaine des doctrines révélées. Il commettait de grandes erreurs ou de grandes fautes, mais sans que son autorité spirituelle en fût atteinte ; de même que le simple prêtre qui donne de mauvais conseils ou administre les sacremens à des chrétiens indignes n'en conserve pas moins tout le pouvoir qu'il a reçu de l'Église.

L'indifférent. —Je n'ai jamais entendu ainsi l'infaillibilité pontificale. Mais enfin passons ; car je suis impatiemment curieux de voir ce que vous répondrez à une sentence portée contre vous par un juge infaillible de toutes manières. Vous connaissez le discours du Messie sur la montagne, ce discours si justement admiré. Vous savez que toute résistance contre les malfaiteurs y est interdite. Vous savez aussi qu'il y est même prescrit de leur manifester une soumission préventive. Or maintenant n'oubliez pas que vous êtes chrétien, chrétien-catholique ; et puis élevez, si vous l'osez, une parole de contradiction !

L'auteur. — Que Dieu m'en garde !

L'indifférent. —Ah ! enfin !... Vous allez convenir de vos torts !

L'auteur.— Je vais seulement vous montrer l'un des vôtres. Les prédications des apôtres attirèrent sur eux, vous le savez, des haines nationales et des persécutions publiques contre lesquelles ils eussent vainement réclamé la protection des magistrats. Des plaintes judiciaires auraient alors augmenté plutôt qu'adouci l'aveugle colère des persécuteurs. Le divin fondateur de l'Église le prévit bien. Aussi, avant que d'envoyer ses apôtres remplir leur céleste mission, il les avertit qu'ils devront y sacrifier leurs droits civils. « Vous êtes, leur » dit-il, la lumière du monde.... Que cette lumière luise devant les » hommes... Vous avez appris qu'il a été dit : œil pour œil, dent » pour dent (1) ; cependant je vous recommande de ne point résister » à la méchanceté. Mais si l'on vous frappe sur la joue droite, tour- » nez l'autre encore (2) ; et si l'on veut lutter avec vous et prendre » votre tunique, abandonnez même votre manteau (3) » ; c'est-à-dire soyez prêts au sacrifice de tous vos droits. Généraliser ces instructions de circonstances , ce serait classer au rang des crimes tous les procès , toutes les guerres, toutes les résistances au mal , toutes les demandes de secours contre l'oppression ; ce serait proscrire des vertus, abandonner la justice aux violences de l'iniquité , livrer le monde

---

(1) La législation civile des Juifs condamnait les malfaiteurs à la peine du talion.

(2) Expression proverbiale qui ne s'entendait pas littéralement, dit le docte Calmet.

(3) *Evang.* de St.-Math., ch. 5.

aux fureurs du crime, enfreindre par une révoltante inertie les lois
de la justice et de la charité. Aussi quel commentateur attribua jamais un tel sens aux paroles que je viens de citer?

L'indifférent. — Tout cela ne prouve rien contre l'utilité générale
des privations et des souffrances.

L'auteur. — Assurément, non.

L'indifférent. — Et il n'en est pas moins vrai que « le mal que
» l'homme souffre dans ses facultés, dans son corps, dans sa vie
» même, le mal qui ne dépend plus de lui, loin d'être un mal, est
» dans le fond un bien, et le plus grand qu'il puisse lui arriver.
» C'est alors qu'il fait violence à ses passions, qu'il triomphe de
» lui-même (1) ».

L'auteur. — Prenez garde. Si vous concluez de là qu'il faut souf-
frir, honorer, défendre par les armes, les grands vols qu'on nomme
usurpations, l'on vous demandera aussitôt les mêmes faveurs pour
les petits, ainsi que pour les brigandages de tous genres, pour les
assassinats même. Et alors que répondrez-vous?

Tel est pourtant l'un des principaux argumens, et le dernier, des
apologistes de la soumission perpétuelle; et telle aussi l'une des conséquences qui émanent de leur système! Ils ne voient pas que,
la justice et la charité commandant la répression des vols obscurs
et peu graves, elles exigent *à fortiori* celle des plus désastreuses spoliations.

Ils ne voient pas non plus que l'opinion qu'ils ont adoptée est un
encouragement pour les factieux. Supposez-la en effet généralement
admise par un peuple; quelle assurance pénétrerait aussitôt dans ces
hommes, fléaux de la terre! Il ne s'agit plus pour nous, s'écrieraient-
ils avec vérité, que d'un coup de main adroit contre la dynastie ré-
gnante; et nous voilà paisibles possesseurs du trône, souverains obéis
de tout le peuple; et ce peuple imbécile se fera encore, si nous le
souhaitons, massacrer pour nous maintenir au pouvoir!

Il est un autre résultat plus déplorable encore. L'auteur du *Traité
des devoirs dans les révolutions*, extirpant avec une juste et effrayante
logique quelques conséquences du principe qu'il a entrepris d'établir,
s'exprime ainsi au sujet d'un gouvernement supposé issu d'une insurrection criminelle : « L'armée pourrait, nous le croyons du moins
» en conscience, combattre légitimement contre la partie de l'armée et
» des citoyens qui se croirait en droit de continuer ou de commencer la
» résistance....Nous croyons que le devoir pourrait aller jusqu'à prêter
» main forte au nouveau gouvernement (2) contre l'invasion étrangère,
» quels que fussent les motifs apparens ou réels de cette invasion (3) ».

---

(1) *Du devoir de soumission aux puissances*, ch. 6.

(2) Il s'agit toujours d'un gouvernement supposé établi sans aucun
droit.

(3) Ch. 9 et ch. 13. — L'auteur dit pourtant dans ce même chapitre 12,

Ainsi, par exemple, que les révolutionnaires d'Italie osent porter de criminelles mains sur le monarque de Rome, qu'ils le renversent du trône, qu'ils traînent en exil sa personne sacrée, qu'ensuite elle soit ramenée par une armée autrichienne, les sujets du pontife *pourront légitimement, devront même, prêter main forte au nouveau gouvernement et combattre la résistance* du pouvoir de droit !... Ainsi la religion, cette envoyée de la suprême Justice, armerait les hommes contre le droit et pour le crime !... Quelles maximes, grand Dieu !.... Et par quel prodige arrive-t-il que nous les trouvions sur des lèvres si chrétiennes !

Oh ! que la religion est loin de parler un tel langage ! Entendez le sourd frémissement des consciences quand sur quelque hauteur du monde social la force va s'asseoir à la place du droit, lisez la morale écrite des peuples, voyez leurs traditions nationales et sacrées, considérez la réprobation universelle qui pèse sur l'injustice et ses fauteurs : c'est que depuis le commencement du genre humain elle est flétrie, proscrite, frappée d'anathème, par la religion. Et cet antique anathème, toutes les nations l'ont entendu, toutes l'ont proclamé.

Puisse l'Europe en retentir avec un tel bruit, que les factions en soient épouvantées ! Autrement, l'ordre social, qui déjà penche, tomberait sur les ruines éparses des temples et des trônes, loin desquels il n'a point de racines. Et qui sait combien de peines, combien d'années, il faudrait ensuite pour le relever ! Qui sait même s'il ne pourrirait pas dans la sanglante boue des révolutions !

---

en parlant des interventions politiques : « Lorsque la maison de mon voi- » sin brûle, alors même que mon voisin y aurait mis volontairement le feu, » j'ai le droit d'y jeter de l'eau et même de la détruire, s'il le fallait pour » arrêter les progrès de l'incendie ». Je n'aperçois aucun moyen de concilier ce *droit* d'intervention étrangère avec le *devoir* de la combattre, *quels que soient ses motifs*, et par conséquent lors même qu'elle n'en aurait pas d'autre que celui *d'arrêter les progrès d'un incendie* politique.

FIN.

Imprimerie de Béthune